Discovery EDUCATION

맛있는 과학

디스커버리 에듀케이션
맛있는 과학 – 35 날씨

1판 1쇄 발행 | 2012. 4. 25.
1판 4쇄 발행 | 2018. 3. 11.

발행처 김영사
발행인 고세규
등록번호 제 406-2003-036호
등록일자 1979. 5. 17.
주　소 경기도 파주시 문발로 197(우10881)
전　화 마케팅부 031-955-3102 편집부 031-955-3113~20
팩　스 031-955-3111

Photo copyright©Discovery Education, 2011
Korean copyright©Gimm-Young Publishers, Inc., Discovery Education Korea Funnybooks, 2012

값은 표지에 있습니다.
ISBN 978-89-349-5623-5 64400
ISBN 978-89-349-5254-1 (세트)

좋은 독자가 좋은 책을 만듭니다. 김영사는 독자 여러분의 의견에 항상 귀 기울이고 있습니다.
독자의견전화 031-955-3139 | 전자우편 book@gimmyoung.com | 홈페이지 www.gimmyoungjr.com
어린이들의 책놀이터 cafe.naver.com/gimmyoungjr | 드림365 cafe.naver.com/dreem365

어린이제품 안전특별법에 의한 표시사항
제품명 도서　제조년월일 2017년 4월 11일　제조사명 김영사　주소 10881 경기도 파주시 문발로 197
전화번호 031-955-3100　제조국명 대한민국　⚠주의 책 모서리에 찍히거나 책장에 베이지 않게 조심하세요.

최고의 어린이 과학 콘텐츠
디스커버리 에듀케이션 정식 계약판!

Discovery EDUCATION

맛있는 과학

35 | 날씨

태영경 글 | 최승협 그림 | 류지윤 외 감수

주니어김영사

 차례

1. 내일의 날씨를 알려 드립니다!

우리에게 내일의 날씨가 알려지기까지 8

> **TIP** 요건 몰랐지? 기상을 관측하는 위성 11

날씨를 나타내는 그림, 일기도 12

> **TIP** 요건 몰랐지? 종소리가 선명하게 들리면 비가 온다? 15

기상에 관한 모든 것을 담당하는 곳, 기상청 16

> **Q&A** 꼭 알고 넘어가자! 18

2. 일기 예보의 역사

조선 시대의 기상 관측 22

20세기 초반의 일기 예보 24

> **TIP** 요건 몰랐지? 달무리가 생기면 비가 온다? 27

광복 후의 일기 예보 28

1970년대 이후의 예보 업무 29

> **TIP** 요건 몰랐지? 올빼미가 울면 날씨가 맑다 31

예보 업무의 자동화 32

> **Q&A** 꼭 알고 넘어가자! 34

3. 날씨를 결정하는 요소들

날씨를 결정하는 첫 번째 요소, 햇빛 38

> **TIP** 요건 몰랐지? 기온을 측정하는 곳, 백엽상 40

다양한 구름의 종류와 특성 41

눈과 비, 그리고 습도 48

고기압과 저기압 53

> **TIP** 요건 몰랐지? 장마 전선 54

차가운 바람, 따뜻한 바람 55

> **TIP** 요건 몰랐지? 풍향계를 만들어 보아요 58
> **Q&A** 꼭 알고 넘어가자! 60

4. 날씨와 관련된 여러 가지 생활지수

불쾌지수 64

체감온도 66

> 🏷️ 요건 몰랐지? 벚꽃이 일찍 지면 여름 작물이 잘 자란다? 68

피부질환가능지수 69

해상교통지수 71

> 🏷️ 요건 몰랐지? 쥐구멍에 눈 들어가면 보리농사 흉년된다 72

가뭄판단지수 73

황사영향지수 75

산불위험지수 77

> Q&A 꼭 알고 넘어가자! 78

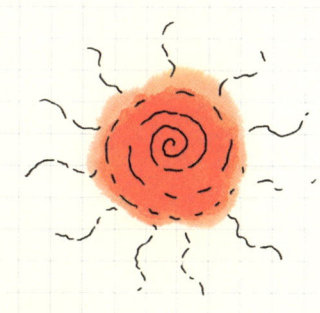

5. 우리나라의 날씨

생명이 움트는 계절, 봄 82

태양의 계절, 여름 83

> 🏷️ 요건 몰랐지? 연기로 날씨를 알 수 있다고? 85

천고마비의 계절, 가을 86

삼한사온, 겨울 88

> 🏷️ 요건 몰랐지? 고양이가 소동을 부리면 비가 온다! 89

> Q&A 꼭 알고 넘어가자! 90

6. 세계의 여러 기후

온대기후 94

아한대기후 97

> 🏷️ 요건 몰랐지? 아침 무지개는 비, 저녁 무지개는? 99

툰드라기후 100

스텝기후 101

사막기후 102

그 밖의 기후 104

> Q&A 꼭 알고 넘어가자! 106

관련 교과
초등 3학년 1학기 4. 날씨와 우리 생활
초등 6학년 2학기 2. 일기 예보

1. 내일의 날씨를 알려 드립니다!

체험 학습, 운동회, 견학과 같은 야외 활동을 할 때 이튿날 날씨를 아는 것은 매우 중요합니다. 여러분은 내일의 날씨를 어떻게 알게 되나요? 텔레비전 뉴스를 통해서 알 수도 있고, 인터넷이나 신문을 통해 알 수도 있을 것입니다. 그렇다면 도대체 내일의 날씨는 누가, 어떻게 알려 주는 것일까요?

우리에게 내일의 날씨가 알려지기까지

내일의 날씨가 뉴스나 신문을 통해 우리에게 알려지기까지는 여러 가지 과정을 거쳐야 합니다. 어떤 과정을 거치는지 함께 알아볼까요?

날씨를 알기 위해 가장 먼저 하는 일은 기상, 즉 바람, 구름, 비, 눈 등 공기 중에서 일어나는 모든 현상에 대한 상황을 정확히 파악하는 것입니다. 정확한 기상 파악을 위해 지상, 항공, 해양 등 여러 방면에서 관측을 하게 됩니다. 전국 76개의 기상 관서(기상 관측소)에서는 하늘의 상태, 기온, 습도, 강수량, 바람, 기압 등을 자동 기상 관측 장비를 이용하여 1분 간격으로 관측하고 있습니다.

전국의 공항 기상 관서에서는 항공에 영향을 많이 미치는 바람, 구름, 기온, 기압 등의 중요한 기상 관측 요소들을 30분에서 1시간 간격으로 관측하고 있습니다. 그리고 해양 기상 관서에서는 해양 기상 영상 감시 시스템을 이용하여 바람의 방향과 세기, 기온, 수온, 기압, 파도의 높이 등을 관측하고, 먼 바다의 기상 현상도 함께 지켜보고 있죠. 이

습도
공기 중에 포함되어 있는 수증기 양을 수치로 나타낸 것입니다. 상대습도와 절대습도가 있는데 흔히 습도라고 하는 것은 상대습도를 말합니다.

강수량
비, 눈, 우박, 안개 등으로 인해 일정한 곳에 내린 물의 총 양으로 단위는 mm입니다.

기압
공기가 누르는 힘의 크기. 높은 곳에 올라갈수록 공기의 양이 적어져 기압은 낮아집니다.

밖에도 지진을 관측하기 위한 속도 지진 관측소, 낙뢰 관측소 등 다양한 방면에서 많은 기기와 사람들이 날씨에 주목하고 있습니다.

이렇게 관측된 정보와 자료들은 한 군데 모이게 됩니다. 통신용 컴퓨터를 이용하여 국내 기상 자료와 외국에서 보내오는 각종 기상 자료들이 수

낙뢰
벼락이 떨어지는 것을 말하며 보통 강한 소나기나 우박과 함께 발생합니다.

일기도
어떤 지역의 날씨 상태를 여러 가지 부호나 선으로 나타낸 그림입니다.

집되고 이것은 편집·가공되어 분석용 컴퓨터로 보내집니다. 현재 사용되고 있는 분석용 컴퓨터는 슈퍼컴퓨터로, 국내외에서 수집된 관측 자료들을 분석하여 예상 일기도를 만들어 내는 일을 맡고 있습니다. 슈퍼컴퓨터의 분석이 끝나면 분석된 자료를 토대로 기상 예보관들이 협의를 시작합니다. 그리고 각 지방 관서의 예보관들과 충분히 의견을 주고받은 뒤 어떠한 예보를 발표할 것인지 결정하게 되지요.

이렇게 결정된 예보는 단기, 중기, 장기 예보로 나누어 방송국이나 신문사 등 여러 언론 기관과 중앙재해대책본부와 같이 폭풍, 해일, 가뭄, 홍수 등의 천재지변으로 인한 재해를 방지하는 일과 관련된 기관으로 제공됩니다. 그리고 예보를 받은 각 기관은 우리가 보기 쉽고, 이해하기 쉽도록 일기 예보를 해 주는 것이랍니다.

IBM의 슈퍼컴퓨터 블루진. ⓒArgonne National Laboratory@flickr

기상을 관측하는 위성

저 하늘 높은 곳에는 지구의 기상 변화를 관측하는 기상 위성이 떠다니고 있습니다. 기상청에서는 이 기상 위성으로부터 자료를 수신받아서 예보를 하는 데 사용하지요. 기상 위성은 주로 단기 예보에 필요한 저기압의 정확한 위치와 크기 등을 파악합니다. 그리고 지구로부터 우주로 반사되는 빛의 양, 대기권 밖의 태양 에너지 등을 관측하기도 합니다.

최초의 기상 위성으로는 미국에서 개발한 '타이로스'가 있습니다. 이것은 미국항공우주국(NASA)에서 만들어 1960년 4월 1일 처음 발사되었습니다. 1965년 마지막으로 발사된 타이로스 10호는 나중에 발사된 더 많은 기상 위성들에게 안내자 역할을 해 주었습니다.

타이로스 위성을 탑재한 로켓 델타 N6.

날씨를 나타내는 그림, 일기도

앞에서도 이야기했지만 관측된 기상 관련 자료들을 받은 슈퍼컴퓨터는 그 자료들을 분석하여 일기도를 그려 냅니다. 일기도를 본 적이 있나요? 아래에 있는 일기도의 모습을 보세요. 여러 가지 숫자, 기호, 곡선 등이 있어서 매우 복잡해 보이지요? 하지만 일기도에는 여러 정보를 표시하는 일기도만의 방법과 약속이 있습니다. 그래서 그 약속을 알게 된다면 누구든

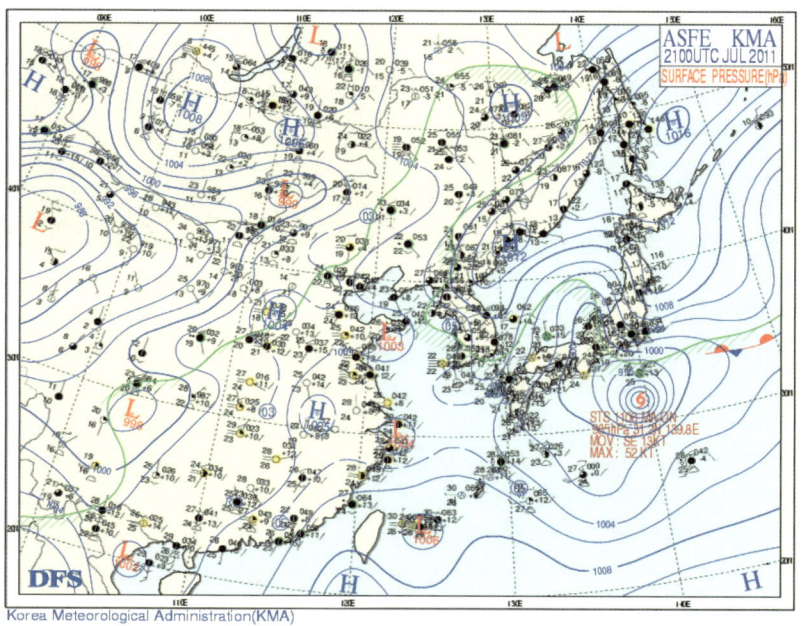
여러 가지 기상 자료들이 표시되어 있는 일기도(기상청 제공).

복잡한 일기도를 보고서도 날씨를 척척 알아낼 수 있을 것입니다.

일기도에는 관측 지점을 쉽게 찾을 수 있도록 지역과 지점 번호가 숫자로 나타나 있습니다. 그리고 각 지점별로는 기온, 기압, 바람, 구름, 일기 상태 등이 숫자나 기호로 표시되어 있습니다.

일기도를 자세히 관찰해 보면 같은 숫자들끼리 연결된 여러 가지 곡선을 볼 수 있어요. 이것은 같은 기온, 같은 기압끼리 연결해 놓은 선으로 각각 '등온선', '등압선'이라고 부릅니다. 단순히 같은 기압을 나타내는 숫자끼리 연결만 하는 것이 아니라 등압선을 그리는 데에는 몇 가지 규칙이 있습니다. 첫째로 지나치게 굴곡이 심하지 않도록 부드럽게 그려야 합니다. 도중에 끊어지는 일이 없어야 하고, 같은 값의 선이 평행하는 일도 없어야 합니다. 또 등압선은 서로 교차하거나 둘로 갈라져서는 안 됩니다. 그리고 등압선의 간격은 바람의 세기가 셀수록 좁아져야 합니다.

일기도를 보면 음표처럼 생긴 기호들이 그려져 있는 것도 볼 수 있을 것입니다. 이것은 구름의 양, 바람의 방향과 세기를 나타내는 기호로 각 지역마다 표시되어 있습니다. 그림에서도 볼 수 있듯이 이 기호 하나하나에

기호	◎	＿	＿\	＿\	＿\\	＿\\\	＿\\\\	＿\\\\\	＿\\\\\\	↙F
풍속 m/s	고요함	1	2	5	7	10	12	25	27	북서풍 12m/s

		구름			일기					한랭 전선	온난 전선
풍향/풍속/기온/기압/일기/운량		맑음	갬	흐림	비	소나기	눈	안개	천둥 번개		
		○	◐	●	⬤▽	✳	☰	⌐	▼▼	●●

일기도에 사용되는 기호 그림.

는 구름의 양(운량), 바람의 방향(풍향), 바람의 세기(풍속)가 표시되어 있습니다. 기호의 제일 아래에 있는 동그라미는 구름의 양을 의미합니다. 동그라미 안에 색이 칠해지는 만큼이 구름의 양을 나타내는 것이지요. 동그라미에 색이 칠해져 있지 않으면 구름이 끼지 않은 맑은 날씨가 되는 것이고, 동그라미에 색이 많이 칠해지면 구름이 많이 끼는 흐린 날씨가 되는 것을 의미합니다. 바람의 방향은 기호가 가리키고 있는 방향과 같습니다. 그리고 기호의 끝 부분에 붙어 있는 꼬리의 길이와 개수가 늘어날수록 바람의 세기가 강하다는 것을 의미하지요. 이 밖에도 일기도에는 비, 소나기, 천둥·번개, 눈을 의미하는 약속된 기호들이 사용되고 있습니다. 이들을 통해 우리는 날씨를 알 수 있습니다.

종소리가 선명하게 들리면 비가 온다?

종소리가 선명하게 들리면 곧 비가 온다는 속담이 있어요. 과학적으로 가능한 일일까요?

소리는 기체보다는 액체에서, 액체보다는 고체에서 더 빨리 전달됩니다. 종소리가 선명하게 들린다는 이야기는 공기 중에 액체 성분, 즉 수증기의 양이 많아져서 소리의 전달이 잘 된다는 것을 의미합니다. 그렇다면 공기 중에 수증기의 양이 증가하는 때는 언제일까요? 맞아요, 바로 비가 오기 전이겠지요. 이러한 과학 원리로 인해 비가 오기 전, 습도가 높아지면 종소리는 우리 귀에 더욱 선명하게 들리게 되는 것이랍니다.

공기 중에 수분이 많아지면 소리가 잘 전달되어 종소리가 선명하게 들린다.

# 기상에 관한 모든 것을 담당하는 곳, 기상청

기상청은 우리나라 기상에 관한 모든 업무를 관장하는 정부 기관입니다. 1949년 8월에 설립된 역사 깊은 기관이지요.

기상청에서는 기상에 관한 많은 일들이 진행되고 있습니다. 우리나라 기상을 관측하는 방법을 지도·감독하는 일을 하기도 하고, 일기 예보 및 기상 현상에 관련된 각종 주의보와 경보를 발표하기도 합니다. 다른 나라의 기상 자료를 수집하여 국내에 보급하는 일도 진행하고 있으며, 대기 오

우리나라의 날씨에 관한 모든 일을 진행하는 기상청.

염이나 방사능과 같은 특수한 대기 현상에 관한 다른 기관의 업무를 돕기도 합니다.

또한 기상청은 기상 재해 및 기상 이변으로 인해 생길 수 있는 피해를 예방하기 위해 국민들에게 정보를 제공하고, 농업이나 수산업 등 기상 변화에 민감한 분야에서 일하는 사람들에게도 정보를 제공해 주어 생산력 향상을 돕고 있습니다. 이 밖에도 기상청에서는 날씨와 관련된 수많은 일들을 맡아서 진행하고 있습니다.

주의보
폭풍이나 해일 등 재해를 입을 염려가 있을 때 기상대에서 주의를 주는 예보입니다.

경보
태풍이나 공습 등의 위험이 닥쳐올 때 경계할 수 있도록 미리 알리는 신호. 주의보에 비해 강도가 높습니다.

문제 1 내일의 날씨를 알려 주는 일기 예보는 어떤 과정으로 만들어지나요?

문제 2 일기도에 물결처럼 그려진 선들은 무엇인가요? 또 선 위에 표시된 숫자는 무엇을 나타내나요?

3. 등압선은 그릴 때에는 지나가는 곳의 기압이 일정하도록 부드럽게 이어야 합니다. 도중에 끊어지거나 읽어서는 안 되며, 교차하거나 둘로 갈라져서도 안 됩니다. 등압선의 간격이 좁으면 바람이 세게 불고, 넓으면 바람이 약하게 분 답니다.

4. 기상청에서 우리나라의 일기예보를 만들어 내는 과정입니다. 기상청은 전국에 설치된 관측소에서 관측한 자료, 기상 위성 및 기상 레이더 관측 자료, 기상 관측선·지구 높은 곳에서 기상 상태를 관측하는 기구 등으로부터 다양한 기상 자료를 수집합니다. 수집된 자료를 바탕으로 일기도를 작성한 후 이를 분석하여 미래의 날씨를 예상하기도 하고, 재해가 가장 이루어질 인간 피해를 예방하도록 재공합니다.

문제 3 일기도에 등압선을 그리는 데 있어서 중요한 규칙은 어떤 것들이 있나요?

문제 4 기상청에서는 주로 어떤 일을 하나요?

정답

1. 우리나라 부근에 영향을 주는 기단에는 양쯔강 기단(봄, 가을), 북태평양 기단(여름), 시베리아 기단(겨울), 오호츠크해 기단(초여름) 등이 있습니다. 한랭건조한 시베리아 기단은 겨울철에 우리나라 부근으로 확장하면서 북서 계절풍을 일으키고, 이 때문에 우리나라의 겨울 날씨는 대체로 춥고 건조합니다. 고온다습한 북태평양 기단은 여름철에 우리나라 부근으로 확장하면서 남동 계절풍을 일으키고, 이 때문에 우리나라의 여름 날씨는 대체로 덥고 습합니다.

2. 일기도에 그려지는 등압선이라고 해요. 기압이 같은 지점들을 연결한 것으로, 몇 hPa(헥토파스칼)로 단위당 보통 표시합니다. 기압이 높은 곳은 주위보다 기압이 높아 바람이 나가는 곳이고, 기압이 낮은 곳은 주위보다 기압이 낮아 바람이 모여드는 곳입니다.

관련 교과
초등 3학년 1학기 4. 날씨와 우리 생활
초등 6학년 2학기 2. 일기 예보

2. 일기 예보의 역사

21세기에 살고 있는 우리는 언제 어디서든 쉽고 빠르게 일기 예보를 찾아볼 수 있습니다. 이것은 슈퍼컴퓨터가 날씨에 관한 자료를 빠르게 분석해 주기 때문에 가능한 것입니다. 그렇다면 슈퍼컴퓨터가 있기 전에는 일기 예보가 어떤 과정을 거쳐서 발표되었을까요? 그리고 컴퓨터가 존재하지도 않았던 아주 먼 옛날에는 또 어떻게 날씨를 예측했을까요?

 # 조선 시대의 기상 관측

　조선 시대에는 기상 업무를 담당하는 정부 기구로 '관상감'이라는 기관이 있었습니다. 이곳은 영의정을 대표로 하는 정부 기구로서 높은 위치에 있는 기관으로 여겨졌지요. 관상감에는 기상에 관한 분야를 담당하는 천문관이 있었습니다. 천문관은 하루를 상, 중, 하 세 번으로 나누어 기상을 관측하였고, 급한 조짐이 보이면 당장 나라에 보고했습니다. 하지만 그냥 평범한 날씨일 경우에는 글과 그림을 이용하여 다음 날 임금님께 보고했다고 합니다.

　조선 시대에는 기상과 관련된 학문이 많이 발달했습니다. 그중에서도 가장 두드러진 것은 측우기의 발명이었습니다. 측우기는 비의 양, 즉 강우량

조선 시대에 하늘을 관찰하기 위해 만든 관상감 관천대.　실제 모양을 본뜬 측우기.

을 측정하기 위해서 세종 때 만들어진 기구로, 다른 나라보다 200년이나 앞서 세계 최초로 사용되었다는 점에서 매우 의미가 크다고 볼 수 있지요. 조선 시대를 대표하는 기상 관측 기구로는 측우기 외에도 바람의 방향과 세기를 측정하는 풍기가 있습니다. 지금도 이 풍기는 창경궁과 경복궁에 가면 볼 수 있습니다.

 # 20세기 초반의 일기 예보

1898년 1월, 우리나라 최초로 기상 예보가 시작되었습니다. 조선 시대에도 기상을 관측하는 기관이 있기는 했지만, 관측 내용은 백성들이 아닌 임금님께 전달이 되었습니다. 이는 국민들을 위해 진행되는 일기 예보라기보다 관측 결과에 대한 일방적인 보고라고 하는 것이 더 정확합니다.

하지만 1898년에 시작된 기상 예보는 우리 정부가 아닌 러시아 정부에 의한 것이었습니다. 러시아는 인천에 관측소를 설치하여 기상 관측을 했고,

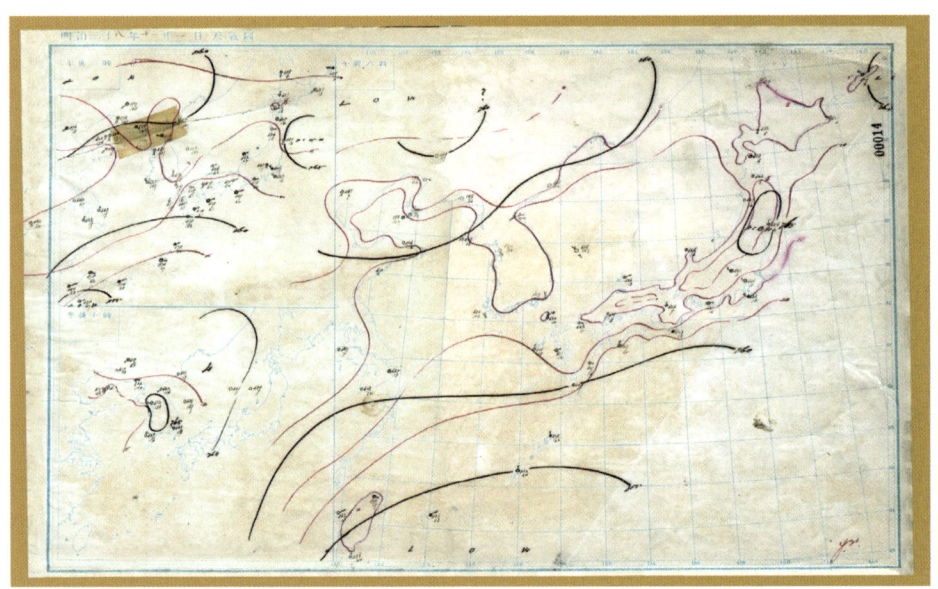

우리나라 최초의 일기도(부경대 변희룡 교수 제공).

기상 신호 장치를 이용하여 항해하는 선박의 안전을 위한 일기 예보를 했습니다.

우리 정부에 의한 최초의 기상 예보는 1908년 7월 11일에 시작되었습니다. 또한 최초의 일기도는 1905년 11월 1일에 만들어졌지요. 이 일기도는 2005년에 부경대 변희룡 교수님이 발견한 것으로 제작된 지 꼭 100년 만에 모습을 드러냈어요. 이 일기도에는 아침 6시, 오후 2시, 밤 10시의 날씨가 한 장에 모두 실려 있어서, 지금의 일기도와는 많은 차이를 보인답니다.

우리나라가 일본의 지배를 받았던 시대에는 일기 예보에 어떠한 변화가 생겼을까요? 1908년 3월 28일부터는 폭풍에 대한 예보가 중점적으로 시작되었습니다. 급격한 기상 변화나 징후가 보일 때에는 추가 예보를 하기도 했지요. 그리고 1914년부터는 폭풍에 대한 표식 방법도 제정되었습니다.

1915년부터는 바람의 방향, 기온, 하늘의 변화에 대한 일기 예보를 했습

우리나라 최초의 일기도에는 아침 6시, 오후 2시, 밤 10시의 날씨가 한 장에 기록되어 있다 (부경대 변희룡 교수 제공).

니다. 특히 폭풍에 대한 예보는 정확성을 가장 우선시하였기 때문에 오후 5시가 되기 전에는 반드시 정오까지 관측한 자료를 토대로 하여 수시로 경보를 발표하는 규정이 있었습니다. 1924년, 전국에 있는 일기 예보 관련 관측소의 숫자는 15개밖에 되지 않았습니다. 하지만 폭풍에 관한 관측소는 51개나 되었지요.

  1934년부터는 전국 각지로부터 하루 평균 200통에 달하는 기상 전보를 접수하여 일기도를 일일 1회에서 3회까지 작성하기 시작했습니다. 하루에 한 번씩 하던 일기 예보가 3회까지 가능하도록 점점 변화가 생기고 있었던 것입니다. 그리고 1933년 10월 13일, 드디어 일기도가 사람들이 보는 신문에 실리기 시작했습니다. 이것은 전국의 전반적인 일기 예보를 확인할 수 있는 일이었기 때문에, 당시 사람들에게 큰 환영을 받았습니다. 1940년에는 하루에 3회까지 작성되던 일기도가 5회로 늘어나면서 좀 더 시간적으로 세세한 일기 예보가 가능하게 되었지요. 이때부터 본격적인 일기 예보 시대가 시작되었다고 볼 수 있습니다.

달무리가 생기면 비가 온다?

밤하늘에 떠 있는 달 주위에 둥그런 하얀 테가 생기는 것을 본 적이 있나요? 그것을 바로 '달무리'라고 해요. 그 모습이 아름답기 때문에 많은 사람들이 달무리가 생기는 것을 좋아합니다.

달무리는 주로 하늘에 얼음 결정으로 이루어진 얇은 새털구름이 생겼을 때 생깁니다. 그런데 이 새털구름은 기압이 낮은 저기압에서 많이 만들어지지요. 저기압이 가까워지고 있다는 것은 곧 비가 올 것이라는 것을 의미합니다. 그래서 밤하늘에 달무리가 관찰되면 조금 뒤에 비가 내리는 것입니다.

달무리는 주로 저기압에서 나타나므로 비가 올 확률이 높다. ⓒHustvedt@the wikimedia commons

광복 후의 일기 예보

1945년 8월 15일, 우리나라는 일본에게 빼앗겼던 우리의 권리를 다시 되찾았습니다. 그리고 기상에 관련된 업무들도 점차 독립되어 1949년 8월 18일 기상청의 전신인 국립중앙관상대가 설립되었습니다. 그리고 이곳에서는 국제적인 수준의 기상 업무가 바로 시작되었지요. 1962년 12월 31일, 국립중앙관상대에는 팩스가 설치되었습니다. 일본 기상청으로부터 예상도를 수신해 우리나라의 예보 업무에 참고하기 위한 용도였지요.

일본은 우리와 아주 가까운 거리에 있는 나라였기 때문에 일본의 예상도는 우리나라의 날씨를 예상하는 데 많은 도움이 되었습니다. 1970년부터 국립중앙관상대는 일본뿐만 아니라 구소련과 중국의 일기도도 팩스로 받았습니다. 그와 더불어 일기도가 점점 자세해지기 시작했습니다.

소련
유럽과 아시아에 걸쳐 존재했던 소비에트 사회주의 연방 국가예요. 1922년에 만들어져 1991년에 무너졌습니다.

1970년대 이후의 예보 업무

1970년 12월부터는 기상 위성으로부터 위성 사진을 수신하여 일기 예보에 활용하기 시작했습니다. 그리고 1971년 7월 16일, 처음으로 팩스를 통한 일기 예보 방송이 시작되었지요. 정확한 예보를 위해 각 지역의 예보관들은 수시로 통화를 했습니다. 그리고 1979년 9월부터는 북한 지역에 대한

예보도 발표되기 시작했습니다.

　1980년 7월부터는 전화를 걸면 자동으로 일기 예보를 알려 주는 자동 예보 청취 전화번호인 '0365 서비스'가 시작되었습니다. 이 번호는 1987년 이후 131번으로 바뀌어 현재까지도 사용되고 있지요. 1983년부터는 내일의 날씨뿐만 아니라 모레의 날씨까지 예보하기 시작했고, 연탄가스 위험 예보와 같이 생활에 꼭 필요한 예보도 함께 진행되었습니다.

　1984년 8월이 되면서는 태풍의 진로를 예상하는 태풍 업무가 12시간, 24시간 단위로 진행되었고, 1985년에는 사람들이 많이 찾는 해수욕장의 날씨를 알려 주는 해수욕장 예보도 시작되었습니다. 이렇게 일기 예보는 형식적인 것에서 사람들에게 꼭 필요한 정보로 점점 변화되었습니다.

올빼미가 울면 날씨가 맑다

올빼미는 낮에는 나뭇가지에 앉아서 움직이지 않다가, 밤이 되면 날카로운 발톱으로 들쥐나 곤충들을 잡아먹는 동물입니다. 비가 오거나 날이 흐리면 활동이 불편하기 때문에, 날씨가 좋은 날 밤에 주로 활동하지요. 그렇기 때문에 날씨가 좋은 날 밤에는 올빼미가 힘차게 우는 소리를 들을 수 있습니다. 즉, 올빼미가 운다는 것은 곧 날씨가 맑다는 의미입니다.

날씨가 맑은 날 밤에 활발한 활동을 하는 올빼미.

예보 업무의 자동화

1986년 4월 1일부터는 일기도에 날씨와 관련된 기호를 그려 넣는 일을 컴퓨터의 출력 장치가 자동으로 하게 되었습니다. 드디어 예보 업무의 자동화가 시작된 것입니다. 태풍의 예상 진로도 부채꼴 모양으로 자동으로 표시되어 기상 관련 업무를 하는 사람들에게 많은 편리함을 주었습니다. 그리고 1987년에는 무선 팩스 수신 장비가 도입되어 서울-도쿄 간의 세계 통신 시스템이 만들어졌습니다. 이는 일본에서 방송되는 일기도를 신속하게 수신할 수 있게 해 주었지요. 덕분에 우리나라의 일기 예보 관련 자료의 질은 한층 더 높아졌습니다.

1990년 2월부터는 대국민 기상 서비스 향상을 위해 5일간의 날씨를 미리 알아볼 수 있는 5일 예보가 시작되었습니다. 이것은 하루에 두 번 발표되었어요. 그리고 기상 위성과 기상 레이더 등 새로운 장비들이 보태지면서 예보의 정확성은 점점 높아졌습니다. 1991년부터는 일기도의 기입뿐만 아니라 기상 상황을 분석할 수 있는 기상 분석 시스템이 개발되기도 했습니

기상청 홈페이지에서 볼 수 있는 세 시간 단위 일기 예보(기상청 제공).

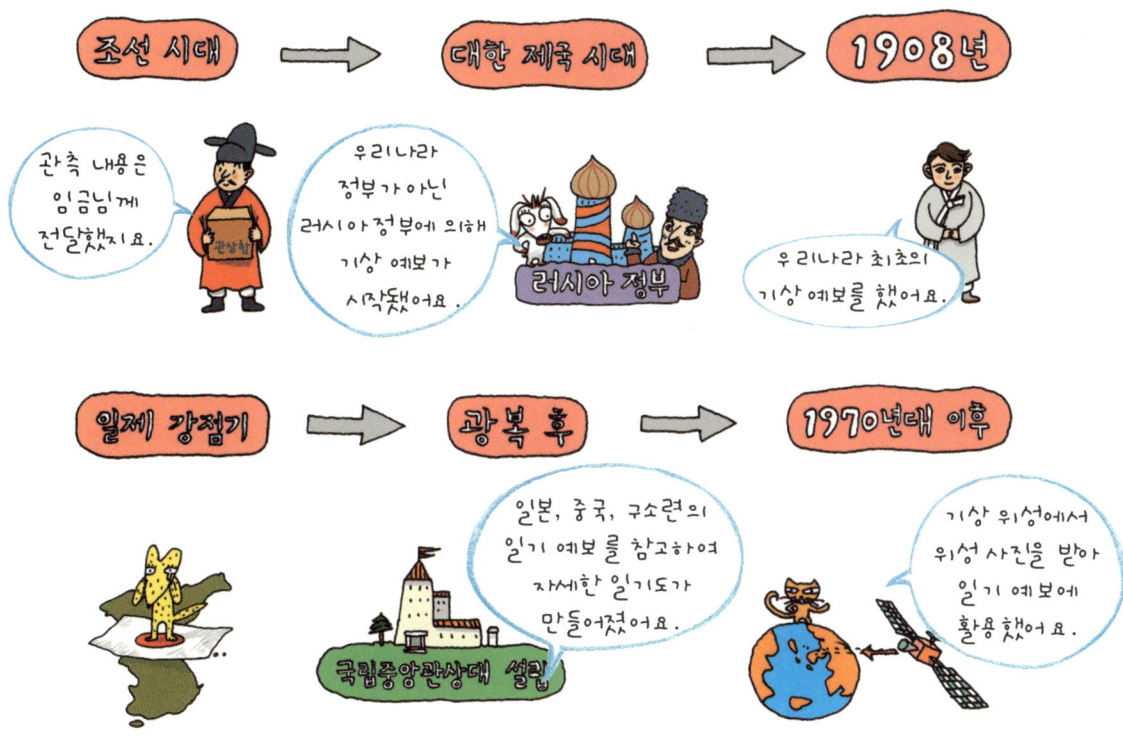

다. 예보관들은 자료를 선택하기만 하면 되었지요.

예보 업무의 자동화와 그에 따른 세분화된 발달로 우리는 점점 더 세밀한 일기 예보를 접할 수 있게 되었습니다. 1999년 12월부터는 여섯 시간 단위로 날씨를 예측할 수 있는 단기 예보가 가능하게 되었고, 2001년 12월 11일부터는 무려 세 시간 단위의 예보까지도 가능하게 되었습니다. 그리고 예보 업무가 더욱더 발전되어 2003년부터는 강수량을 발표할 때, 해당 시간까지도 나타낼 수 있는 수준이 되었습니다.

문제 1 조선 시대 기상 관측 기구로는 어떤 것이 있었나요?

문제 2 일제 강점기의 일기 예보에는 어떤 특징이 있나요?

3. 일반 총에 새로 기상 관측기를 두어 기상으로 측정했습니다. 측우기등을 이용하여 강우량을 측정했습니다. 이를 통해 중앙집중대 → 기상청으로 이름이 바뀌어 오늘에 이르렀습니다.

4. 일제시대 새로관측소 경성 축조, 관측소들이 세워졌습니다. 이 시기의 기상예보 기상예보가 많이 달라집니다. 또 자기업이 기상관측된는 것은 물 시간 등 가능이 높은 시계를 이용했기 때문에 살기는 남품기가 하기가 어려웠지요.

문제 3 광복 후에 설립된 우리나라 기상 관측을 총괄하는 공공기관은 무엇이었나요?

문제 4 달무리가 생기면 비가 온다는 말이 있어요. 그 이유가 무엇인가요?

정답

1. 조선 시대에는 측우기를 활용하여 강우량 측정하기, 강우량을 측정하여 만든 강우량 분포도 만들기, 마을의 강우량 사기에 기록하는 등의 일이 있었습니다.

2. 요즘의 강풍기에는 풍향계 대신 에어로 베인이 장착되었습니다. 이때 전기선이 기상 관측소가 15개에서 대폭 증가하여 정확한 기상 관측이 진행되었지요.

관련 교과
초등 3학년 1학기 4. 날씨와 우리 생활
초등 6학년 2학기 2. 일기 예보
중학교 3학년 4. 물의 순환과 날씨 변화

3. 날씨를 결정하는 요소들

오늘의 날씨는 어땠나요? 햇빛이 쨍하게 비추는 맑은 날씨였을 수도 있고, 촉촉이 비가 내리는 날이었을 수도 있어요. 날씨를 만드는 요소들에는 어떤 것들이 있을까요? 지금부터 하나씩 알아보아요.

 날씨를 결정하는 첫 번째 요소, 햇빛

날씨를 결정하는 가장 기본적인 요소는 태양으로부터 받는 햇빛입니다. 햇빛이 비추는 양에 따라서 그날의 기온이 결정되지요. 물론 바람에 의해서 차가운 공기가 몰려오면 햇빛이 강하게 내리쬐는 날이더라도 날씨가 춥고 기온이 급격히 떨어지지만, 햇빛은 기온을 결정하는 가장 기본적인 요소입니다.

기온을 결정하는 데 가장 중요한 역할을 하는 햇빛.

태양은 여러 가지 빛을 한꺼번에 내보냅니다. 강한 열작용을 가지고 있는 적외선, 피부암을 유발시키는 자외선, X선, 가시광선 등 그 종류가 여러 가지예요. 그중에서도 사람의 눈에 보이는 햇빛을 '가시광선'이라고 부릅니다. 적외선이나 자외선 등 다른 빛들은 사람의 눈에 보이지 않아요. 사람의 눈에 보이지 않는 파장의 범위 안에 있기 때문입니다. 하지만 가시광선은 사람의 눈에 보이는 파장의 범위 안에 있습니다. 우리가 사물을 보고, 색을 구분할 수 있는 것은 모두 이 가시광선, 즉 햇빛이 비추고 있기 때문입니다.

자외선

가시광선보다 파장이 짧아 눈에 보이지는 않지만 사람의 피부를 태우거나 살균 작용을 합니다.

파장

빛은 찰랑이는 파도처럼 물결을 이루며 이동하는데 그 물결을 파장이라고 합니다. 빛뿐만 아니라 소리에도 파장이 있습니다.

기온을 측정하는 곳, 백엽상

대체적으로 집 안은 집 밖보다, 지상은 지하보다 따뜻합니다. 그렇다면 우리가 일기 예보를 통해 알게 되는 기온은 어떤 곳에서 측정해야 정확할까요?

장소에 따라서 햇빛이 비추는 양이 다르기 때문에 기온을 잴 때에는 기준이 되는 곳이 필요합니다. 그 기준이 되는 곳은 우리 주변 가까운 곳에 있습니다. 학교나 공원의 한쪽 구석에 하얀색 나무로 만들어진 작은 집을 본 적이 있을 거예요. 이것을 '백엽상'이라고 부르는데, 바로 여기에서 정확한 기온을 잴 수 있습니다. 백엽상 안에는 최고온도계, 최저온도계, 자기온도계, 습도계가 설치되어 있습니다. 이 안에서 기온을 재는 이유는 기온에 영향을 줄 수 있는 여러 가지 요인들로부터 최대한 영향을 적게 받도록 하기 위해서입니다. 백엽상을 잔디나 풀밭 위에 1.5m 정도의 높이로 세워 놓는 이유도 기온에 영향을 줄 수 있는 땅의 열로부터 멀어지게 하기 위해서입니다. 그리고 빛을 흡수하여 기온이 더 높게 측정되지 않도록 하얀색 나무로 만듭니다. 또한 태양으로부터 직접 빛을 받지 않도록 통풍이 잘 되는 나무 상자를 이용해서 만들지요. 백엽상의 창문이 북쪽을 향해 나 있는 이유도 측정을 위해 문을 열었을 때 잠시라도 직접적으로 빛에 닿는 것을 막기 위해서입니다.

공원이나 운동장에서 쉽게 발견할 수 있는 백엽상.

다양한 구름의 종류와 특성

날씨가 맑거나 흐린 것에 영향을 주는 요소는 구름입니다. 구름은 물방울이나 얼음 입자가 모여서 하늘에 떠 있는 것으로, 구름의 양이 적으면 맑은 날씨가 되고, 구름의 양이 많으면 흐린 날씨가 되지요. 그리고 구름 때문에 비나 눈이 내리기도 합니다. 하늘을 보면 똑같이 생긴 구름은 하나도 없습니다. 그만큼 구름의 종류는 매우 다양합니다. 구름은 그 종류에 따라서 가지고 있는 특성이 모두 다릅니다.

상승 기류

위로 올라가는 공기의 흐름을 말합니다. 일반적으로 상승 기류가 생기는 곳에서는 날씨가 좋지 않습니다.

구름은 모양으로 그 종류를 나눌 수도 있고, 만들어지는 높이에 따라서 나눌 수도 있습니다. 먼저 모양으로 종류를 나누어 보자면, 수직으로 형성되는 '적운형 구름'과 수평으로 형성되는 '층운형 구름'이 있습니다.

쎈구름이라고도 불리는 적운형 구름은 햇빛에 의해 가열된 열기가 공기 중으로 올라가면서 형성되는 상승 기류에 의해 만들어집니다. 땅으로부터 구름 밑바닥까지의 높이는 500m에서 2km까지 다양하며, 구름 꼭대기까지 10km나 되는 것도 있습니다. 소나기처럼 짧은 시간 동안에 갑자기 비를 뿌리기도 하며, 비가 온 후에는 기온이 내려가지요. 구름 밑바닥이 검은색인 것이 특징입니다.

층운형 구름은 더운 공기가 찬 공기를 타고 올라가면서 생기는 구름입니다. 적운형 구름과는 다르게 수평으로 넓게 만들어지지요. 층운형 구름

수직으로 형성되는 적운형 구름(쎈구름).

수평으로 형성되는 층운형 구름.

상층에 만들어지는 권운(새털구름).

권층운에는 해무리나 달무리가 나타나기도 한다.

에서는 이슬비나 가랑비처럼 적은 양의 비가 오랜 시간에 걸쳐 내리는 것이 특징입니다. 비가 온 후에는 기온이 올라갑니다.

구름은 다시 생성되는 높이에 따라서 그 종류를 나누어 볼 수 있습니다. 높은 층에서 만들어지는 구름에는 권운, 권층운, 권적운이 있고, 중간층에서 만들어지는 구름에는 고층운과 고적운이 있습니다. 가장 낮은 층에서 만들어지는 구름에는 층적운, 난층운, 층운이 있지요. 그리고 마지막으로 낮은 데서 높은 데까지 걸쳐 있는 적운과 적란운이 있습니다.

권운은 우리가 털구름 또는 새털구름이라고 부르는 것을 말합니다. 하얀 줄무늬가 실처럼 여러 개 늘어져 있는 모양으로, 지상으로부터 5~13㎞ 높이에서 만들어집니다. 대부분 맑은 날씨일 때 나타납니다.

권층운은 권운과 비슷한 높이에서 형성되는 구름으로, 털층구름이라고 부르기도 합니다. 엷은 베일처럼 하늘에 퍼져 있기도 하고, 구름 속에 줄무늬가 보이기도 합니다. 흔히 태풍이나 장마 등이 다가올 때 많이 만들어

권적운은 보통 오래도록 지속되지 않는다. ⓒLiving Shadow@the Wikimedia Commons

지고, 날씨가 나빠지는 징조를 나타냅니다.

　권적운도 권운, 권층운과 함께 높은 곳에 만들어지는 구름으로, 털쌘구름, 비늘구름, 조개구름이라고 불리기도 합니다. 구름의 모양이 마치 상어 등에 박힌 점처럼 널려 있거나, 조개들이 흩어져 있는 모양과 닮아서 이런 이름들이 붙었습니다. 양이 많을 때에는 하늘 전체를 가리기도 하지만, 오래 지속되는 구름은 아닙니다.

　높층구름이라고도 불리는 고층운은 지상으로부터 2~5km 높이에서 나타납니다. 줄무늬를 이룬 베일 모양을 갖고 있으며, 옅은 회색이나 흑색을 띠고 있습니다. 이 구름에서는 약한 비나 눈이 내리기도 합니다.

　높쌘구름이라고도 불리는 고적운은 고층운과 함께 중층에 만들어집니

옅은 회색이나 검정색을 띄고 있는 고층운.   작은 구름 덩이가 늘어서 양 떼처럼 보이는 고적운.

다. 작은 구름 덩어리가 규칙적으로 늘어선 모양이 마치 양 떼처럼 보이기도 하지요. 탑 모양, 층 모양, 송이 모양 등 그 모양이 다양하게 나타나는 것이 특징입니다.

층적운은 지상으로부터 500m~2km 위인 비교적 낮은 높이에 형성되는 구름으로, '층쌘구름'이라고 불러요. 구름 덩어리가 두꺼울 때도 있고 평평해질 때도 있는데, 보통은 규칙적으로 연결되어 늘어서 있기 때문에 가장자리가 뚜렷하게 보이지는 않습니다. 구름이 두꺼울수록 암흑색으로 변하기도 합니다.

난층운은 층적운과 함께 낮은 높이에서 만들어지며, '비층구름'이라고도 합니다. 때로는 지상 200m 정도까지 그 높이가 낮아지기도 하지요. 구름이 아주 두껍기 때문에 암흑색으로 보이고, 비나 눈을 내리게 하는 경우가 많습니다.

층운도 층적운, 난층운과 함께 낮은 높이에서 만들어집니다. 가끔 안개

층쌘구름이라고도 불리는 층적운.

난층운은 구름이 두꺼워 암흑색으로 보인다.   오래 지속되지 않는 층운.

연직 방향

중력이 작용하는 방향을 말합니다. 실에 추를 달아 늘어뜨릴 때 실이 나타내는 방향이죠. 수학에서는 어떤 직선이 다른 직선이나 평면에 대하여 수직인 상태를 가리킵니다.

비를 내리기도 하지요. 오랫동안 지속되지는 않아서 금방 사라지고, 사라지고 나면 맑은 날씨가 될 때가 많습니다.

적운은 맑은 하늘에 뭉게뭉게 피어오르는 수직으로 발달된 구름입니다. 지표 부근의 공기의 가열로 대류가 활발하게 일어날 때 만들어지며 여름철, 갠

적운은 맑은 하늘의 낮은 데서 피어오르는 뭉게구름을 말한다. ⓒThomas Zimmermann@wikimedia commons

날 아침에 나타나기 시작해서 해질 무렵이 되면 없어져요. 가끔은 적란운으로 발달하기도 합니다.

적란운은 쌘비구름이라고도 합니다. 연직 방향으로 크게 발달한 짙은 구름으로 천둥, 번개 등을 동반한 소나기를 내리기도 하죠. 구름의 윗부분은 얼음 결정으로 이루어져 있으며, 아랫부분은 난층운과 비슷합니다. 여름철에 주로 발달하지만 겨울철에 생성되기도 합니다.

이렇게 구름은 총 열 개의 종류로 크게 구분됩니다.

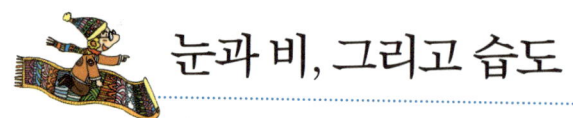 # 눈과 비, 그리고 습도

　갑자기 내리는 눈이나 비는 사람들의 생활에 많은 불편을 주기도 하고 즐거움을 주기도 합니다. 그래서 일기 예보를 볼 때 눈이나 비가 오는지 오지 않는지가 관심의 대상이 되기도 하지요.

　눈은 구름에서 내리는 얼음 결정입니다. 형태가 여러 가지인데 보통 크기가 2㎜ 정도 되지요. 이렇게 작은 눈은 하늘에서 내려오면서 서로 엉겨 붙어 1㎝ 정도의 크기인 눈송이가 됩니다. 눈송이들끼리 엉겨 붙어서 수십 센티미터 크기의 눈송이가 관측된 적도 있다고 합니다. 우리가 흔히 말하는 함박눈은 날씨가 포근할 때 내립니다. 다른 눈들보다 잘 뭉쳐지기 때문에 인기가 많습니다. 날씨가 매우 추울 때에는 큰 눈송이가 만들어지지 못해서 가루눈이 날리기도 합니다.

　일정 기간 동안 내린 눈의 양을 '적설량'이라고 합니다. 적설량도 기온처럼 장소에 따라서 다르기 때문에 기준이 되는 장소를 정해 그곳에서 측정해야 합니다. 보통 평평한 지형이나 건물의 영향을 덜 받는 장소가 선택되고, 측정된 수치들의 평균값으로 적설량이 정해지지요.

　적설량을 나타낼 때에는 센티미터 단위로 눈이 쌓인 깊이를 측정합니다. 보통은 관측 장소에 눈금이 새겨진 나무 기둥을 수직으로 세우고, 눈금의 0을 지면에 붙인 후 그 깊이를 측정합니다.

구름 속에 있던 얼음 결정들이 추운 날씨로 인해 그대로 내려오는 것이 눈이라면, 비는 구름 속 얼음 결정들이 따뜻한 날씨로 인해 녹아 물방울의 형태로 내리는 것을 말합니다. 한 개의 빗방울이 되기 위해서는 약 10만 개의 구름 속 수분이 뭉쳐져야 한다고 해요.

비는 생성되는 원인에 따라 크게 네 가지로 나눌 수 있습니다. 여름철에 자주 볼 수 있는 소나기처럼

적설양은 눈이 쌓인 깊이를 재서 나타낸다.
ⓒSeattle Municipal Archives@the wikimedia commons

커다란 빗방울이 강하게 짧은 시간 동안 내리는 것을 '대류성 강우'라고 합니다. 수증기를 많이 포함한 공기가 산맥을 넘을 때 상승 기류를 만나서 비가 내리는 것은 '지형성 강우'라고 하지요. 따뜻한 공기 덩어리나 차가

운 공기 덩어리가 상승 기류를 만나 내리는 비는 '전선성 강우'라고 하고요. 그리고 태풍과 같이 저기압이 형성되었을 때 주위의 공기가 저기압 쪽으로 수렴, 즉 공기가 한곳으로 몰리면서 상승 기류와 만나 내리는 비는 '수렴성 강우'라고 합니다.

일정한 기간 동안 내린 비의 양을 '강우량'이라고 합니다. 일기 예보에서 비가 내릴 것을 예보하면서 예상되는 강우량도 함께 말해 주는 것을 본 적이 있을 거예요. 비는 사람들의 생활에 큰 영향을 미치기 때문에 예상 강우량을 알면 미리 대비를 할 수 있지요.

강우량은 우량계를 이용해서 측정합니다. 우량계는 잔디가 깔린 넓고 평평한 지면에서 20㎝ 정도 높게 땅에 묻어서 설치해요. 종류에 따라서 빗물의 무게를 측정하는 것도 있고 부피를 측정하는 것도 있습니다. 측정된 값은 깊이를 나타내는 단위인 밀리미터로 환산되어 사람들에게 알려

집니다.

눈이나 비가 내리면 공기 중에 있는 수증기의 양은 내리기 전보다 훨씬 많아지게 되는데 이런 것을 보고 습도가 높아졌다고 말합니다. 습도란 공기 중에 수증기가 포함된 정도를 의미하지요. 비가 온 후에는 습도가 높아져 빨래나 젖은 머리가 잘 마르지 않는 것처럼 습도는 우리 생활과 많은 영향을 주고 있습니다.

강우량을 측정할 수 있는 도구 우량계.

습도에는 '절대 습도'와 '상대 습도'가 있어요. 우리가 평소에 습도라고 말하는 것은 상대 습도를 줄여서 부르는 것입니다. 절대 습도라는 것은 공기 중에 수증기가 포함될 수 있는

모발

일반적으로 머리카락을 말하지만 정확히 말하면 사람의 몸에 난 모든 털을 가리킵니다. 모발 습도계에서는 동물의 털을 사용하기도 합니다.

최대의 양을 말하는 것으로, 상대 습도와는 그 의미가 조금 다릅니다.

습도는 습도계를 이용해서 측정합니다. 가장 많이 사용되고 있는 것은 모발 습도계인데 모발은 습도가 0%에서 100%로 증가하면 그 길이가 약 2.5% 정도 늘어나요. 바로 이 성질을 이용하여 습도를 알 수 있는 것이지요.

이것보다 정확한 습도계로는 '건습구 습도계'가 있습니다. 이 습도계는 온도계를 이용하는 것입니다. 물은 증발되면서 주변의 열을 빼앗아 가는데, 그 빼앗아 가는 열의 크기를 온도계로 재어서 습도를 측정하는 것이지요. 하지만 건습구 습도계는 물이 잘 증발하지 않는 저온에서는 이용할 수 없다는 불편함을 가지고 있습니다.

고기압과 저기압

일기 예보를 듣다 보면 "오늘은 고기압의 영향을 받겠습니다", "내일은 저기압의 영향을 받겠습니다"라는 말이 많이 나오지요? 기압이란 공기의 압력을 의미합니다. 일기 예보에 있어서 기압은 날씨를 결정하는 중요한 요소 중 하나입니다.

우리가 흔히 말하는 '고기압'이란 주변 지역보다 기압이 높다는 것을 의미합니다. 고기압의 중심 지역에서는 공기가 누르는 힘이 강하게 작용하므로 하강 기류가 발생합니다. 그로 인해서 구름이 있었다가도 사라지는 맑은 날씨가 되지요. 하지만 갑자기 가열되는 공기로 인해서 소나기가 내릴 수도 있어요. 반대로 '저기압'이라는 것은 주변 지역보다 기압이 낮은 것을 의미합니다. 저기압은 중심 부근에서 상승 기류가 발생해 공기가 누르는 힘의 크기가 작습니다. 상승 기류가 계속되면 구름이 만들어지고, 비가 많이 내리게 되지요. 그렇기 때문에 저기압일 경우에는 비가 올 확률이 높습니다.

장마 전선

여름철 우리나라에는 며칠 동안 계속해서 비가 내리는 시기가 있습니다. 이 시기를 우리는 '장마철'이라고 부르지요. 장마는 남쪽 지방에서 수증기를 가득 담은 구름 덩어리가 몰려오면서 시작됩니다. 이 따뜻하고 습한 공기 덩어리는 북동쪽에서 내려오는 차가운 공기 덩어리와 동서 방향으로 길게 늘어서서 만나게 됩니다. 두 공기 덩어리는 곧 합쳐져 비를 품은 장마 구름으로 변하게 되고, 많은 비가 내리는 것입니다. 이렇게 성질이 다른 두 공기 덩어리 사이에 형성된 경계선을 '전선'이라고 부르며, 우리나라에 많은 비를 뿌리기 위해 합쳐지는 두 공기 덩어리의 경계선을 '장마 전선'이라고 합니다.

 # 차가운 바람, 따뜻한 바람

기온이 아무리 높아도 차가운 바람이 불면 날씨가 춥게 느껴집니다. 그렇기 때문에 바람 역시 날씨를 만들어 내는 중요한 요소 중 하나이지요. 바람이란 공기가 움직이는 것을 말합니다. 겨울에는 차가운 공기가 지나가면서 우리를 춥게 만들기도 하고, 봄에는 따뜻한 공기가 살짝 스쳐 지나가면서 우리를 기분 좋게 만들어 주기도 하지요.

바람의 방향을 알려 주는 풍향계

바람은 불어오는 방향에 따라서 차갑기도 하고 따뜻하기도 해요. 추운 북쪽 지방에서 불어오는 바람은 차가운 공기가 몰려오는 것이기 때문에 기온을 낮아지게 만들어요. 반대로 남쪽 지방에서 불어오는 바람은 따뜻한 공기가 몰려오는 것이기 때문에 기온을 높여 주기도 합니다. 추운 겨울에는 북서풍이 불고, 더운 여름에는 남동풍이 불어와서 기온에 영향을 주는 것을 보면 알 수 있어요.

바람의 방향은 풍향계를 통해서 알 수 있습니다. 풍향계는 많은 기상 관측 기구 중 우리가 집에서도 손쉽게 만들 수 있는 간단한 기기입니다. 한 개나 두 개의 바람맞이 판이 수직으로 된 축 위에서 회전할 수 있게만 만들면 되기 때문이에요. 균형을 잘 맞추어 바람맞이 판이 기울어지지 않도록 하는 것만 유의하면 집에서도 쉽게 만들어 볼 수 있습니다.

바람이 불어오는 방향뿐만 아니라 불어오는 속도도 날씨에 큰 영향을 미칩니다. 바람이 세게 불면 기온이 낮고 춥게 느껴지기 때문입니다. 바람의 속도는 풍속계를 이용하여 측정합니다. 풍속계는 풍향계처럼 간단한 기구는 아니에요.

바람이 누르는 힘을 측정하여 풍속을 구하는 풍압형 풍속계, 프로펠러가 바람에 의해 회전하는 속도를 측정하여 풍속을 구하는 회전형 풍속계 등 그 종류도 측정 방법에 따라 다양합니다.

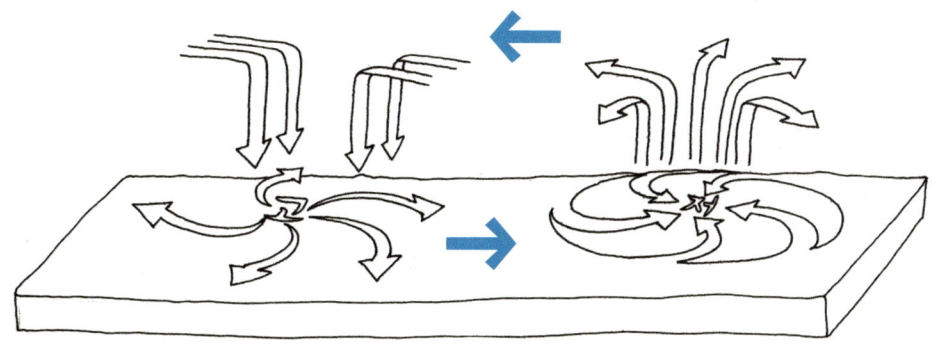

바람이 고기압에서 저기압으로 불면서 공기의 순환이 이루어진다.

　바람이 부는 이유, 즉 공기가 이동하는 이유는 지역마다 기압이 다르기 때문입니다. 고기압 지역에서는 공기가 하강하고, 저기압 지역에서는 공기가 상승한다는 것을 앞에서 알아보았어요. 하강한 공기는 저기압 쪽으로 이동해서 다시 상승할 것이고, 상승한 공기는 다시 고기압 쪽으로 이동해 하강합니다. 결국 공기는 계속해서 순환하는 거예요. 이를 통해 바람은 고기압 쪽에서 저기압 쪽으로 분다는 것도 알 수 있습니다.

풍향계를 만들어 보아요

풍향계는 간단한 준비물만 있으면 어디서나 손쉽게 만들어 사용할 수 있는 기상 관측 기기예요. 풍향계를 만드는 방법에 대해 함께 알아볼까요?

준비물 : 두꺼운 종이, 가는 빨대, 굵은 빨대(또는 수수깡), 핀, 가위

(1) 두꺼운 종이를 삼각형과 사각형 모양으로 각각 잘라 주세요.

(2) 가는 빨대의 양끝, 중간 부분에 2㎝ 정도의 가위집을 만들어 주세요.

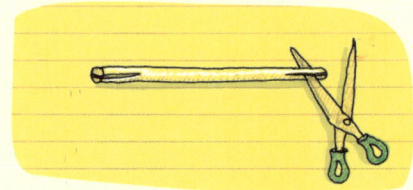

(3) 삼각형과 사각형 모양의 두꺼운 종이를 가는 빨대의 양끝에 끼워 주세요.

(4) 가는 빨대를 손가락 위에 올려놓고 어느 한쪽으로도 기울어지지 않고 수평이 유지되는 지점을 찾아 핀을 꽂으세요.

(5) 굵은 빨대(또는 수수깡)의 한쪽 끝에 핀을 꽂아 가는 빨대와 굵은 빨대가 T자를 이루도록 해 주세요.

(6) 가는 빨대가 어느 한쪽으로 기울어지지는 않았는지 확인하세요. 기울어져 있다면 핀을 꽂은 위치가 틀린 것이니까 조금씩 조절해서 정확한 위치를 찾아야 해요.

(7) 완성된 풍향계를 가지고 밖으로 나가 놀이터의 흙이나 화단에 꽂아 두고 바람의 방향을 관찰해 보아요. 삼각형 모양의 두꺼운 종이가 바람이 불어오는 쪽을 향하는 것을 볼 수 있을 거예요.

문제 1 날씨를 만드는 구성 요소에는 무엇이 있나요?

문제 2 구름은 만들어지는 높이에 따라서 어떻게 나눌 수 있나요?

3. 지표면 상공에 수증기를 많이 포함한 공기가 상승하면서 팽창할 때 온도가 낮아져 생긴 이슬이나 얼음 알갱이가 하늘에 떠 있는 것을 구름이라고 합니다.

4. 이 때문에 우리나라는 동쪽에서 서쪽으로 갈수록 구름 양이 적고 기온이 높아지며 내륙에서는 공기가 활발하게 섞이기 때문에 기온의 차이가 심한 것입니다. 이와 같이 복잡한 날씨의 이해, 이를 조금이라도 정확히 알려는 노력이 우리나라의 어제, 오늘, 내일을 만들어 가는 것입니다.

문제 3 비는 내리는 원인에 따라 크게 네 가지로 나눌 수 있어요. 그 중 지형성 강우는 어떤 비를 말하는 것일까요?

문제 4 장마 전선이 생기는 이유는 무엇인가요?

정답

1. 부피를 만드는 고소로의 상태에 따라 이슬비, 가랑비, 보슬비, 안개비, 가루비, 소나기, 여우비 등이 있습니다.

2. 그 밖에도 만들어지는 원인에 따라 분류하면 ① 전선성 강우: 전선면, 전향면, 온난면, ② 대류성 강우: 지표면의 기온이 높아 대류현상으로 나누어질 수 있으며, 상공으로 올라갈수록 기온이 낮아져 비가 내리게 됩니다. ③ 저기압성 강우: 저기압, 온대성저기압, 열대성저기압이 있습니다. ④ 지형성 강우: 공기가 산이나 고원지대를 넘어갈 때 상승기류가 발생하여 구름이 되고 비가 됩니다.

관련 교과
초등 6학년 2학기 2. 일기 예보

4. 날씨와 관련된 여러 가지 생활지수

앞에서도 이야기했지만 날씨는 우리의 생활과 밀접한 관련이 있습니다. 기상청에서는 날씨와 밀접한 관련이 있는 생활 속 여러 부분들을 지수를 통해 사람들에게 쉽고 빠르게 알려 주고 있는데, 어떤 생활지수들이 있는지 한번 알아볼까요?

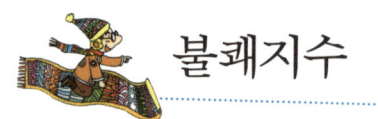
불쾌지수

　여름철 무더운 날씨가 계속되면 불쾌지수가 올라간다는 말을 많이 들어 봤을 것입니다. '불쾌지수'란 기온과 습도 등 여러 기상 요소들을 자료로 해서 무더위에 대해 몸이 느끼는 불쾌감의 정도를 숫자로 나타낸 것입니다. 더운 날씨와 관련된 지수이기 때문에 기상청에서는 불쾌지수를 6월부터 9월까지만 알려 줍니다.

한여름의 무더운 날씨에는 사람들의 불쾌지수가 높아진다.

　불쾌지수가 68 이하일 경우에는 더위를 느끼지 못하는 쾌적한 상태를 말합니다. 불쾌지수가 68~75인 경우에는 서서히 불쾌감이 나타나기 시작하는 정도이고, 75~80인 경우에는 열 명 중 다섯 명 정도는 불쾌감을 느낄 정도로 날씨가 더운 상태를 말해요. 불쾌지수가 80 이상인 경우에는 옆 사람과 부딪치지 않도록 주의하는 것이 좋습니다. 이런 날은 덥고 습도가 높아 사람들의 불쾌감이 아주 높아지기 때문이지요.

# 체감온도

체감온도는 12월부터 다음 해 2월까지 알려 주는 지수로, 사람이 느끼는 추위의 정도를 나타냅니다. 이것은 온도와 습도, 풍속 등을 바탕으로 계산된 수치입니다. 체감온도가 영하 10℃ 이상일 때는 추위로 인한 불편함이 조금 느껴지는 정도를 뜻해요. 영하 25~영하 10℃일 경우에는 공기에 노출된 피부가 매우 차가운 기운을 느끼고, 장갑이나 목도리 등 보온 장비 없이 오랜 시간 노출시키면 정상보다 몸의 온도가 낮아지면서 생명이 위험해질 수도 있는 정도의 추위를 뜻합니다. 영하 45~영하 25℃일 경우에는 10

체감온도를 확인하고 옷차림을 챙기면 추위에 대비할 수 있어요.

분에서 15분 사이에 동상에 걸릴 위험이 있습니다. 그리고 영하 45℃ 이하가 되면 밖에 나가는 것을 자제하는 것이 좋습니다. 노출된 피부가 몇 분 안에 얼고, 생명이 위험할 정도로 추위가 극심하다는 뜻이기 때문입니다.

벚꽃이 일찍 지면 여름 작물이 잘 자란다?

봄에 벚꽃이 필 무렵, 날씨가 좋으면 꽃의 수명이 짧아져서 색깔도 일찍 바래고 꽃도 일찍 지게 돼요. 그리고 4월 기온이 높으면 8월 기온도 높은 경향이 있어요. 이 때문에 4월에 높은 기온으로 인해 날씨가 좋아 벚꽃이 일찍 지면, 8월에도 기온이 높아질 것이고, 콩, 고추, 가지 등 여름 작물의 재배가 잘 될 것이라는 예상을 할 수 있습니다.

벚꽃이 일찍 지면 그해 여름의 기온도 높아질 가능성이 많다.

피부질환가능지수

기상청에서는 2005년 피부질환가능지수를 개발했습니다. 이 지수는 기온, 기압, 습도 등의 기상 조건과 계절별 요인 등에 따른 피부 질환의 발생 가능 정도를 숫자로 나타낸 것입니다. 이 지수를 만들기 위해 기상청은 기온이 높을수록 습도가 높고 땀의 배출이 많아져 가려움증이 생길 수 있다는 점, 기온이 낮으면 건조해져 건조증이 생길 수 있다는 점 등 피부의 특징을 잘 살펴보고 날씨와의 연관성을 찾아냈습니다.

피부질환가능지수가 50 이하이면 입원 환자가 발생할 가능성은 낮으나, 피부 질환을 가진 사람은 계속해서 관심을 가져야 한다는 것을 의미합니다. 51~85일 경우는 입원 환자가 발생할 가능성이 보통 정도이고, 피부 질환을 가진 사람들도 주의해야 한다는 것을 의미해요. 그리고 피부질환가능지수가 86 이상이 되면 기상 조건이 아주 좋지 않아 입원 환자가 발생할 가능성이 높고, 피부 질환 환자들은 각별히 주

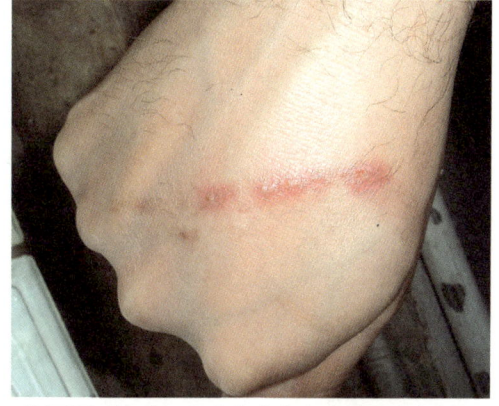

피부질환가능지수에 따라 자신의 피부를 관리해 주어야 한다. ⓒschicagos@the wikimedia commons

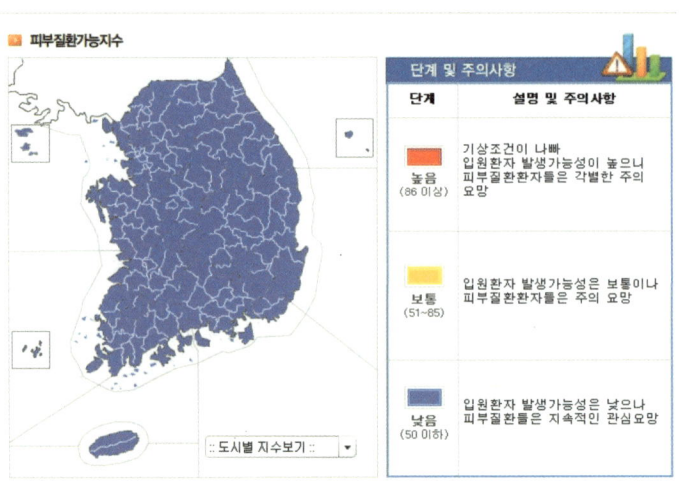

피부질환가능지수 단계별 표와 지도(기상청 제공).

의를 기울여야 한다는 것을 의미합니다.

　아토피나 무좀, 두드러기 등 요즘에는 피부 질환을 가진 사람들이 굉장히 많아요. 이 사람들에게 피부질환가능지수는 피부 건강의 신호등이 될 수도 있답니다. 지수가 높아지면 높아질수록 자신의 피부 질환에 신경을 써야 하기 때문이지요.

해상교통지수

해상교통지수는 바다의 교통수단인 여객선이나 고기잡이 배 등이 바다에 나가도 좋을지를 판단하는 지표로 사용됩니다. 먼바다의 기상 상황이 어떤지 정확히 파악을 한 후에 바다로 나가야 위험하지 않다는 것은 누구나 알고 있을 거예요. 기상청에서는 일일이 먼바다의 기상 상황을 찾아보는 어민들의 어려움을 덜어 주고, 해상 교통에 좀 더 안전성을 더하기 위해 이 지수를 만들었습니다.

해상교통지수가 파랑색일 때는 일반 여객선이 출항하기에 좋은 기상 조건이라는 것을 의미합니다. 노란색일 때는 여객선의 출항이 가능하기는 하지만 기상 조건이 나쁘니 주의가 필요하다는 뜻이에요. 그리고 해상교통지수가 빨간색일 때는 기상 조건이 상당히 좋지 않다는 의미입니다. 따라서 절대로 바다에 나가서는 안 됩니다.

쥐구멍에 눈 들어가면 보리농사 흉년된다

밀이나 콩, 보리와 같은 월동 작물들은 겨울에 내린 눈이 그대로 쌓여 있으면 그 보온의 효과로 겨울을 지내게 됩니다. 하지만 바람이 불어서 눈이 날아가 버리면 작물들은 추위로 인한 피해를 입게 되지요.

"쥐구멍에 눈 들어가면 보리농사 흉년이 된다"는 말은 바로 이 상황을 재미있게 표현한 것입니다. 작은 쥐구멍에 눈이 들어간다는 것은 매우 강한 바람이 불어서 눈이 날렸다는 것을 의미해요. 이 정도의 강한 바람과 추위는 월동 작물 중 하나인 보리에 피해를 입혀 보리농사를 망칠 수도 있다는 뜻입니다.

보리를 비롯한 월동 작물들은 겨울을 따뜻하게 나야 잘 자란다.

가뭄판단지수

　가뭄판단지수란 우리나라의 가뭄 정도를 수치로 나타낸 것입니다. 강수량이 5.0㎜ 이하인 무강수, 즉 비가 거의 오지 않는 날이 지속되는 날짜를 조사하고, 다른 여러 기상 요소들과 함께 분석하여 그 결과로 가뭄의 정도를 나타내는 것입니다.

　지도에 파란색으로 표시된 부분은 가뭄판단지수 1.0 이상으로 강수량이

가뭄판단지수가 -2.0미만이면 광범위한 물 부족 현상이 일어난다.

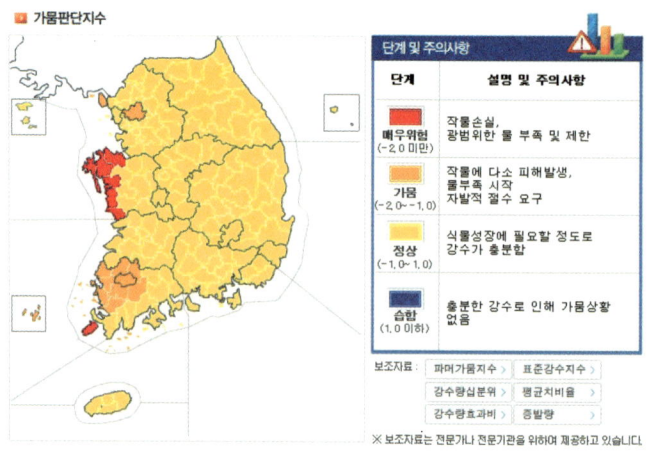

가뭄판단지수 표와 지도(기상청 제공).

충분해 가뭄이 일어나지 않는 것을 의미합니다. 노란색으로 표시된 부분은 지수 -1.0~1.0으로 식물 성장에 필요한 정도의 강수는 충분히 있다는 것을 의미해요. 주황색으로 표시된 부분은 지수 -2.0~-1.0으로 작물에 어느 정도 피해가 발생할 수 있고, 물 부족이 시작되었다는 것을 의미합니다. 빨간색으로 표시되는 부분은 가뭄판단지수 -2.0 미만으로 작물이 손실되고, 광범위한 물 부족 현상이 일어나고 있음을 의미합니다. 가뭄판단지수는 농사를 짓는 농부들에게 가장 유용하게 쓰이고 있어요. 하지만 가뭄은 물 부족 현상으로 이어지기 때문에, 농부들뿐만 아니라 우리나라에 사는 모든 사람들이 늘 주시하고 있어야 하는 지수입니다.

황사영향지수

우리나라는 봄철에 황사의 영향을 많이 받습니다. 봄철 일기 예보에서 황사에 관한 소식은 항상 빠지지 않을 정도지요. 그만큼 황사가 우리 생활과 밀접한 연관이 있기 때문입니다. 우리나라의 황사는 주로 중국이나 몽골의 사막 지대에서 발생하는 모래바람이 북서풍을 타고 내려와 영향을 미치고 있습니다. 최근 들어 세계적으로 환경 파괴와 기상 이변이 일어나면서 중국의 사막화가 심해져 황사의 피해 또한 심각해지고 있습니다. 매년 11월부터 다음 해 5월까지 기상청에서는 각 지역의 황사 정도를 측정하여 사람들에게 알려주고 있는데 이것이 바로 황사영향지수입니다.

황사영향지수는 지도에 색깔로 표현이 됩니다. 파란색으로 표현이 된 경우에는 황사 정도가 비교적 낮은 상태를 뜻합니

황사
누런 모래를 말합니다. 우리나라 봄철에 많이 발생하며 중국에서 불어옵니다.

위성 사진에서도 선명하게 나타나는 황사의 모습.

다. 황사가 심해지면 노란색으로 표현이 돼요. 창문을 닫아서 황사가 실내로 유입되지 않도록 관리해야 할 정도의 황사를 뜻하지요. 황사가 좀 더 강해지면 주황색으로 표현이 되는데 이것은 창문에 먼지가 쌓일 정도로 황사가 심해졌다는 것을 의미합니다. 황사가 너무 심할 때에는 빨간색으로 표시가 되는데 먼지가 너무 많이 쌓여서 창문을 통해 빛이 들어오지 못할 정도로 심한 경우를 말하지요.

이렇게 황사가 심할 때 외출을 한다면 우리의 건강에도 악영향을 미치겠지요? 황사영향지수는 봄철에 우리가 항상 확인해야 하는 꼭 필요한 지수입니다.

산불위험지수

봄이나 가을이 되면 뉴스를 통해 산불 소식을 자주 접하게 됩니다. 다른 계절보다 봄이나 가을에 산불 소식이 많은 이유는 무엇일까요? 그만큼 날씨가 건조하기 때문이에요. 건조한 날씨에는 작은 불씨 하나도 쉽게 번져 큰불로 이어질 수 있으므로 항상 주의해야 합니다. 산불의 피해를 줄이기 위해 기상청에서는 산림청과 공동으로 산불위험지수를 제공하고 있습니다. 온도와 습도, 풍속, 지형 등을 고려하여 산불의 위험도를 예측하는 지수이지요.

산불위험지수 역시 지도에 색깔로 표현이 됩니다. 파란색일 경우에는 산불 발생 위험이 낮은 것을 뜻하고, 노란색일 경우에는 산불이 발생할 위험이 높아지고 있다는 것을 의미해요. 주황색일 경우에는 큰 산불로 이어질 수도 있음을 의미하고, 빨간색일 경우에는 매우 위험한 정도로, 동시에 여러 곳에서 대형 산불이 발생할 수 있음을 의미하지요. 색이 빨간색에 가까워질수록 산불에 더욱 유의해야 합니다. 지도에 파란색으로 표시되어 있다고 해서 산불 걱정을 전혀 하지 않아도 된다는 것은 아니에요. 산불은 순간적으로 발생하여 커다란 재앙으로 이어질 수도 있어 항상 조심해야 합니다.

문제 1 기상청에서 4월부터 10월까지 알려 주는 지수로 무더위로 인한 사람들의 기분을 지수로 나타낸 것을 무엇이라고 하나요?

문제 2 '쥐구멍에 눈 들어가면 보리농사 흉년이 된다' 는 옛말이 있는데 실제로도 그럴까요?

3. 자외선 피부에 쌓여질 적은량 가능한지수가 1.0 이하으로 쌓여질 경우이 기분이 양하지 않을 것을 의미합니다.

4. 피부질환지수가 86 이상이면 가장 조심이 좋아 있어 쌓아자가 탐방된 가능성이 크고, 피부 질환 환 사람들 사례할 주의를 기울여야 한다는 것을 의미합니다.

문제 3 가뭄판단지수를 나타낸 지도에서 파랗게 색칠한 부분은 무엇을 의미하나요?

문제 4 피부질환가능지수가 86 이상이라는 것은 어떠한 상태를 의미하나요?

정답

1. 우리나라의 여름 날씨는 덥고 습한 편이어서 사람들이 많이 힘들어 하는데, 이런 여러 가지 요소를 바탕으로 느끼는 불쾌감의 정도를 수치로 나타낸 것을 '불쾌지수'라고 합니다.

2. 우리가 많은 자외선을 가운데 빠르게 많이 쬐고 쬐면 살갗이 붉어져서 얼얼하지만, 활동 시간들은 가벼운 곳이 대로 쨉지 않아, 생겨 쬐고 있어지요. 그러니 피부암이 잘 생기는 곳은 바로 피부가 얇아 뜯겨서 잘 상하는 곳. 즉 표면에 잘 드러나지 않은 곳이 등등 자외선이 강한 여름에 사람들이 활동 정말 많이 하고 있으니. 사람들의 홍수와 피해를 많이 줄일 수 있겠지요.

관련 교과
초등 3학년 1학기 4. 날씨와 우리 생활
초등 6학년 2학기 2. 일기 예보
중학교 3학년 4. 물의 순환과 날씨 변화

5. 우리나라의 날씨

우리나라는 아름다운 사계절을 갖고 있어요. 꽃이 만발하는 봄, 시원한 바다가 생각나는 여름, 온 산이 붉게 물드는 가을, 하얀 세상으로 변하는 겨울. 각각의 계절에는 날씨가 어떨까요? 계절별 날씨의 특징을 알아보도록 해요.

생명이 움트는 계절, 봄

우리나라의 아름다운 봄.

우리나라에서는 주로 3월, 4월, 5월 세 달 동안을 봄이라고 하는데, 이 시기에는 이동성 고기압이 우리나라를 통과하면서 장기간 맑은 날씨가 계속됩니다. 가끔 시베리아에서 차가운 바람이 불어오기도 하는데 이를 '꽃샘추위'라고 부르지요. 시베리아에서 불어오는 바람의 영향이 적어지면 중국 화남 지방에서 발달된 저기압이 우리나라에 영향을 주기도 합니다. 이것은 약한 비와 잦은 안개를 만들기도 하지요.

중국 북부 및 몽골 지역에서는 봄이 되면 겨울철에 생겼던 서리가 녹으면서 지표면의 흙이 푸석푸석한 상태가 됩니다. 이 흙들은 비를 동반하지 않은 건조한 저기압에 의해 우리나라로 날아오는데, 이것이 바로 앞에서도 이야기한 '황사'입니다.

태양의 계절, 여름

 여러분은 어떤 계절을 좋아하나요? 한 설문조사를 보니 학생들이 가장 좋아하는 계절이 여름이라고 합니다. 신 나는 여름방학도 있고 바닷가나 수영장, 계곡 등에서 물놀이를 할 수 있기 때문이겠죠. 그럼 여름은 왜 이렇게 더운 걸까요?

 여름에는 시베리아의 차가운 공기의 영향이 크게 약화됩니다. 그리고 북태평양의 따뜻한 공기가 점점 우리나라로 올라오지요. 이 두 공기가 만나

장마가 지나가면 무더운 여름이 본격적으로 시작된다.

면 많은 양의 비가 계속해서 내리는 '장마'가 시작됩니다. 우리나라의 장마는 6월 말에 시작해서 약 30일 정도 지속돼요.

장마가 지나가면 고온다습한 북태평양 공기가 우리나라를 지배하게 됩니다. 습기가 많고, 기온도 높은 무더운 날씨가 계속되지요. 그리고 불안정한 대기 상태로 인해 갑작스러운 소나기와 천둥 번개가 자주 나타나기도 합니다.

동해안 지방에서는 남쪽에서 다가오는 따뜻한 난류와 북쪽에서 다가오는 차가운 한류가 만나 안개가 자주 생깁니다. 특히 울릉도에서는 안개가 끼는 날이 많아지지요.

6월에서 9월 사이에는 북태평양에서 발달한 열대 저기압으로 인해 우리나라에 태풍이 다가오기도 합니다. 1년에 두세 개 정도의 태풍이 우리나라에 영향을 미치는데, 8월에 가장 자주 발생하고, 그다음은 9월, 7월 순으로 자주 발생합니다.

연기로 날씨를 알 수 있다고?

공장이나 건물의 굴뚝에서 연기가 피어오르는 것을 본 적이 있을 거예요. 그 연기가 어떤 방향으로 흐르는지를 잘 관찰하면 날씨를 미리 예측할 수 있습니다. 연기가 하늘로 곧게 올라간다는 것은 바람이 강하지 않다는 것을 의미합니다. 즉, 고기압의 중심부에 있다는 것으로 날씨가 맑다는 뜻이지요. 반대로 연기가 옆으로 흐른다는 것은 바람의 영향을 받고 있다는 것을 의미합니다. 만약 남동풍이 불어 연기가 북서쪽으로 흐른다면 저기압이 다가오고 있다는 것이 되겠지요. 이것은 비가 올 가능성이 높다는 의미가 됩니다.

연기가 피어오르는 모습을 통해서도 날씨를 예측할 수 있다. ⓒSergei Dorokhovsky@the Wikimedia Commons

 # 천고마비의 계절, 가을

천고마비(天高馬肥)

하늘은 높고 말이 살찐다는 표현으로 하늘이 맑아 높아 보이고 곡식이 익어 먹을 것이 풍성해진다는 말입니다.

가을이 되면 우리나라에 왔었던 북태평양의 따뜻한 공기는 다시 남쪽으로 물러나기 시작하고 차가운 시베리아 공기가 점점 발달하게 됩니다. 8월 말에서 9월 말 사이에 중국 만주 지방에 있던 비구름들이 몰려와 '가을장마'가 생기는 해도 있어요.

가을 공기는 건조하고 먼지가 적어 깨끗하다.

가을 공기는 지구의 위쪽에서부터 이동해 오면서 가열되므로 대체로 건조하고, 대기 중에 떠다니는 먼지가 적어 공기가 깨끗한 편입니다. 또 맑은 날씨가 계속되므로 우리는 이러한 가을 날씨를 '천고마비'라는 말로 표현하기도 해요.

가을에는 안개가 많이 발생합니다. 동해안 지역뿐만 아니라 내륙 지방에서도 흔히 안개를 볼 수 있어요. 내륙 지방에 생기는 안개는 큰 일교차 때문에 생기게 되고, 해안 지방의 안개는 습한 공기가 육지로 이동하면서 기온이 떨어지면 생기게 됩니다.

가을엔 말뿐만 아니라 사람의 식욕도 왕성해져 살찔 수 있으니 조심하세요.

삼한사온, 겨울

겨울에는 차가운 북서풍이 불어와 추위가 시작된다.

겨울에는 시베리아에서 불어오는 차가운 바람의 영향을 아주 많이 받습니다. 그렇기 때문에 우리나라에는 겨울 동안 북서풍이 주로 불지요. 옛날부터 겨울 날씨는 '삼한사온'이라고 하여, 3일간은 춥고 4일간은 따뜻한 날씨가 주기적으로 반복되었습니다. 하지만 겨울의 기온 변화는 아주 불규칙하기 때문에 기온이 이상하게 높아질 수도 있고, 아주 매서운 추위가 찾아올 수도 있습니다.

겨울철에는 주로 서해안의 내륙 지역에서 안개가 발생합니다. 자주 발생되는 것은 아니지만 한 번 발생하면 지속되는 시간이 꽤 길어요. 이 안개는 북서풍이 약해졌을 때 찬 공기가 정체되면서 지면의 온도가 낮아져 생기는 것입니다. 특히 대도시 지역에서는 연기나 먼지 등 여러 가지 오염 물질이 안개와 함께 섞인 스모그 현상도 많이 일어납니다.

고양이가 소동을 부리면 비가 온다!

동물은 날씨 변화에 매우 민감합니다. 때문에 고양이뿐만 아니라 대부분의 동물들은 날씨에 변화가 생길 것을 미리 느낄 수 있어요. 그리고 우리는 그 동물들의 행동 변화를 보고 날씨를 예측할 수 있지요.

비가 올 것이라고 느껴지면 고양이는 높은 곳으로 올라가거나 날카로운 소리를 내는 등 호들갑스러운 행동을 많이 합니다. 저기압이 접근하면서 높아지는 습도가 고양이 피부의 수분 증발을 억제하기 때문에 기분이 나빠지는 것입니다. 그리고 저기압으로 인해 피부 혈관이 확장되는 것도 고양이의 행동 변화에 영향을 미치지요.

이처럼 동물과 관련된 날씨 속담으로는 "물고기가 물 위에 입을 내놓고 호흡하면 비가 온다", "소가 크게 울면 폭풍우가 온다", "잠자리가 낮게 날면 비가 온다" 등 여러 가지가 있습니다.

고양이는 비가 오기 전에 행동이 날카로워진다.

문제 1 우리나라의 사계절 중 가을 날씨의 특징은 무엇인가요?

문제 2 '삼한사온' 이라는 말은 무슨 뜻인가요?

3. 우리나라의 가을 날씨의 특징은 맑고 서늘한 바람이 붑니다. 봄에 피는 꽃은 시들었지만 예쁜 이름, '꽃샘추위', 맑고 푸른하늘, 또 농작물이 많이 움직입니다. 잎은 붉어지는 것을 단풍이라고 하며 나뭇잎이 땅에 떨어집니다.

4. 사계절이 나타나며 봄부터 꽃이 피어나 피어나는 꽃은 종류에 따라서 다릅니다. 이때 고온다습한 기운이 빠져서 춥습니다. 봄이 끝날 때쯤 매우 덥기 때문에 불쾌합니다.

문제 3 '꽃샘추위' '황사'가 일기 예보에 자주 등장하는 계절은 언제인가요?

문제 4 '고양이가 소동을 부리면 비가 온다'는 속담이 있는데 이 속담은 왜 생겼을까요?

정답

1. 우리나라에서 보통 6월에서 11월까지를 우리, 9월에서 11월까지를 가을이라고 부릅니다. 6월에는 장마가 시작되어 비가 많이 내리고, 태풍으로 인한 피해가 크고, 가을장마라고 불릴 만큼 비가 자주 옵니다. 10월이 되면 장수풍뎅이 울고 단풍이 들고 추석과 같은 전통적인 행사들이 열립니다. 공기가 맑고 차가워지며 첫서리가 내립니다. 11월에는 추운 기운이 곧 닥쳐오리라는 신호가 많지요.

2. 사람사이는 3월이 좋고 4월은 변덕스러우며 5월으로 옷차림이 가볍고 6월은 대체로 따뜻합니다.

관련 교과
초등 6학년 2학기 2. 일기 예보
중학교 3학년 4. 물의 순환과 날씨 변화

6. 세계의 여러 기후

쾨펜이라는 독일의 기상학자는 세계의 기후를 기온, 강수량, 식물 분포 등을 토대로 열한 종류로 나눴습니다. 모든 국가에 꼭 들어맞는다고는 할 수 없지만, 식물과 사람들의 관계가 상세하게 나타나 있어서 오늘날에도 널리 사용되고 있어요. 그럼 쾨펜의 분류에 따라 세계의 다양한 기후에 대해 알아볼까요?

온대기후

여름에 건조한 기후를 이용하여 미국 캘리포니아 주에서는 포도를 많이 재배하고 있다.

온대기후에는 온대동우기후와 온대하우기후, 온대다우기후가 있습니다. 온대동우기후는 지중해성 기후, 온대하계건조기후라고도 부릅니다. 겨울철에는 온난한 우기가 되고, 여름철에는 고온의 맑은 날씨가 계속되는 건기가 되지요. 겨울철 평균 기온은 영하 3℃에서 영상 18℃이고, 비가 많이 내리는 달의 강수량은 여름철 비가 가장 적게 내리는 달의 세 배 이상이 되기도 합니다.

이러한 기후 조건을 이용하여 여름철에는 건조한 날씨를 잘 견디는 오렌지, 레몬, 포도 등을 키우고, 겨울철에는 밀이나 보리 등을 주로 재배합니다. 이 기후는 유럽의 지중해 연안과 북아메리카의 캘리포니아 주, 남아메리카의 칠레 중부, 남아프리카공화국 연안, 오스트레일리아 남부

건기

건기는 말 그대로 건조한 시기를 말해요. 지역에 따라 여름이 건기인 지역도 있고, 겨울이 건기인 지역도 있습니다.

에 발달되어 있습니다.

　온대하우기후는 '온대동계건조기후' 라고도 해요. 여름에는 남서쪽에서 불어오는 바람에 의해 매우 덥고 습하여 열대 지방과 같은 날씨가 계속되고, 겨울철에는 북동쪽에서 불어오는 바람에 의해 따뜻하고 건조한 날씨가 계속됩니다. 가장 추운 달의 기온은 영하 3℃에서 영상 18℃ 사이로 나타나 큰 추위가 없다는 것을 알 수 있습니다. 대체로 영상 10℃ 이상의 날씨가 계속되는 것이지요.

　따뜻한 날씨 때문에 1년에 같은 작물을 두 번 농사지을 수 있는 '이기작'이 가능합니다. 그리고 여름철 열대 지방과 같은 날씨 때문에 열대성 작물

우기

건기와 반대되는 말로 연중 비가 많이 오는 시기를 말합니다. 어떤 지역은 한 달 동안 2~3일을 제외하고는 내내 비가 오는 곳도 있습니다.

온대하우기후에서는 사탕수수 등의 열대성 작물이 자란다. ⓒHannes Crobe@the wikimedia.org

조엽수림
습기가 많은 곳에서 자라는 상록수림으로, 너도밤나무과와 녹나무과가 대표종이다.

인 사탕수수나 차 등을 재배하기도 하지요. 온대하우기후에서는 너도밤나무와 같은 조엽수림도 많이 자랍니다. 이와 같은 기후는 중국의 화남 지방과 인도, 아프리카 남부, 오스트레일리아 북동부, 에티오피아 일부 지역, 브라질 고원, 멕시코 고원 등에서 나타납니다.

온대다우기후는 서유럽과 북아메리카 남동부, 양쯔 강 하류, 그리고 한국과 일본이 속하는 기후로 건기가 거의 없는 온대기후입니다.

 # 아한대기후

　아한대기후는 전체적으로 기온이 낮고 추운 기후를 말합니다. 아한대기후는 아한대다우기후와 아한대하우기후로 나뉩니다.
　아한대다우기후는 '냉대습윤기후'라고도 말해요. 이 기후의 특징은 겨울철 따뜻한 저기압의 영향으로 눈이 굉장히 많이 온다는 것입니다. 때문에 이 지역에 사는 사람들은 겨울에 폭설과 눈보라 등으로 인한 피해를 입

겨울철 따뜻한 저기압의 영향으로 굉장히 많은 눈이 내리는 시베리아. ⓒobakeneko@the wikimedia commons.

기도 하지요. 지구의 적도를 중심으로 남쪽 지역인 남반구에서는 볼 수 없는 기후 현상으로 북반구에서만 나타납니다. 이 기후는 주로 스칸디나비아 반도, 시베리아 서부, 연해주, 캄차카 반도, 북아메리카 북부 등에서 많이 볼 수 있습니다.

아한대하우기후는 냉대동계건조기후 또는 트란스바이칼기후라고도 부릅니다. 아시아 동부 지역에서 주로 볼 수 있는 기후로, 겨울에는 시베리아 고기압의 영향으로 맑은 날씨가 계속되고, 바람이 약한 차가운 날씨입니다. 하지만 여름에는 비교적 높은 기온이 되지요.

이 기후에서는 농경이 이루어지긴 하지만 사람에 의해서 한 번도 이용된 적이 없는 천연 상태의 산림인 원시림이 많이 발달되어 있습니다. 주로 중국 북동부와 시베리아 동부 지방 등 아시아 대륙의 동부에서 많이 나타나며 캐나다 일부 지역에서 나타나기도 합니다.

아한대하우기후는 원시림이 많이 발달되어 있다.

 **TIP** 요건 몰랐지?

아침 무지개는 비, 저녁 무지개는?

무지개는 공기 중에 있던 물방울에 햇빛이 꺾여 보이면서 나타나는 현상입니다. 그래서 항상 태양의 반대쪽에 생깁니다. 아침에 무지개가 생긴다는 것은 서쪽에 나타났다는 것인데, 이는 동쪽은 맑고 서쪽은 비가 오고 있다는 것을 의미해요. 우리나라는 대기가 서쪽에서 동쪽으로 이동하기 때문에 서쪽에서 내리던 비가 동쪽으로 이동해 올 가능성이 높습니다.

저녁에 생기는 무지개는 동쪽에 나타납니다. 이는 빗방울들이 이미 동쪽으로 이동하였음을 의미하지요. 그래서 다음 날 날씨가 맑을 것을 예상할 수 있는 것입니다.

툰드라기후

툰드라기후는 '동토기후'라고도 부릅니다. 이 기후에서는 가장 기온이 높은 달의 평균 기온이 영상 10℃를 넘지 못해요. 이런 기후 때문에 사람들은 농경 생활이 불가능해서 주로 사냥이나 수렵을 하면서 살지요. 여름철에는 일시적으로 지표가 녹아서 이끼와 같은 선태류들이 자라기도 합니다.

이러한 기후는 주로 스칸디나비아, 그린란드, 러시아, 알래스카 등 북극해의 연안을 중심으로 발달되어 있어요. 그리고 백두산의 일부 높은 지역에서도 볼 수 있습니다.

연중 따뜻한 날이 거의 없어 농사가 불가능한 툰드라기후.

스텝기후

스텝은 원래 중앙아시아의 광대한 초원을 뜻하는 말입니다. 그렇기 때문에 스텝기후는 '초원기후'라고도 해요. 이 기후에 속한 지역에는 비가 매우 적게 내리기 때문에 나무가 자라지 않습니다. 하지만 사막과는 달리 약간의 비가 내리기 때문에 초원을 볼 수 있습니다.

스텝기후 지역에 사는 사람들은 물이나 목초지를 찾아 계속해서 이동하는 유목 생활을 합니다. 아메리카 대륙이나 오스트레일리아의 초원에서는 대규모 목축업이 이루어지기도 해요. 스텝기후가 나타나는 지역으로는 북아메리카의 프레리, 아르헨티나의 팜파스 등이 있습니다.

아르헨티나의 팜파스 평원.

사막기후

사막은 낮에는 기온이 매우 높지만 밤에는 매우 낮아져요.

사하라 사막, 아타카마 사막, 타르 사막 등 사막 지역의 기후는 매우 건조합니다. 강수량보다 증발량이 많아서 물을 찾아보기 힘들고, 식물도 자라지 않습니다. 햇빛의 세기가 굉장히 강하고, 천둥과 함께 비가 100㎜ 정도 내리기도 합니다. 이런 이유 때문에 토양에 수분이 있는 동안은 특이한 식물을 볼 수도 있습니다. 하지만 이 수분들도 금세 증발해 버리고 말지요.

사막은 지표면이 강한 햇빛에 그대로 노출되어 있고, 공기 중에 수증기의 양

이 적기 때문에 낮 동안은 기온이 매우 높아요. 하지만 열이 빨리 식어 버리기 때문에 밤에는 기온이 매우 낮아집니다. 사막 지역의 기온은 하루 중의 최고 기온과 최저 기온의 차이가 수십 도나 됩니다.

그 밖의 기후

온대동우기후, 온대하우기후, 온대다우기후, 아한대다우기후, 아한대동우기후, 툰드라기후, 스텝기후, 사막기후 외에도 쾨펜의 기후 구분에는 열대우림기후와 열대원야기후, 영구동결기후가 더 있습니다.

열대우림기후는 적도 아프리카, 아마존 강 유역의 지역에서 나타나는 기후로 1년 내내 기온이 높고 비가 많이 내리는 기후를 말합니다. 무더위가

전 세계에서 가장 추운 땅 남극의 눈이 지구 온난화로 녹고 있다.

계속되며 열대 식물이 무성하여 정글을 이루고 있습니다. 그리고 열대원야기후는 아프리카 데칸 고원을 중심으로 한 기후로 1년이 우기와 건기로 나누어져 있으며, 열대우림기후와 마찬가지로 식물이 잘 자라지요.

그리고 마지막으로 영구동결기후인 북극과 남극이 있습니다. 이곳은 지구상에서 가장 추운 곳입니다. 가장 따뜻한 달의 평균 기온이 얼음점 이하이기 때문에 일 년 내내 눈과 얼음이 거의 녹지 않고 지표면은 두꺼운 얼음으로 덮여 있습니다. 하지만 오늘날 지구의 온도가 높아지면서 남극과 북극의 눈과 얼음이 녹아 전 세계적으로 문제가 되고 있습니다. 이러한 남·북극의 해빙은 단순히 극지방의 문제가 아니라 곧 지구 전체의 문제로 나타나게 될 거라고 많은 학자들과 환경운동가들은 경고하고 있습니다.

문제 1 온대동우기후가 발달한 지역에는 어떤 곳이 있나요?

문제 2 온대하우기후인 지역에서는 어떤 작물을 주로 재배하나요?

3. 이외지방 사람 다른 지역에는 눈에 잘 띄지 않는 것을 말합니다. 이것처럼 점점 생명이 나라에 잘 띄는 동작이 잘 보일 듯 말 듯 농사지을 것을 말합니다.

4. 사바나기후에서는 우기와 건기가 있어서, 사람이 잘 자라지 못합니다. 그리고 비가 5개월 이상인 강수량이 있어서 비해 증발량이 더 많으면 키가 작은 시기에만 잘 키우려면 많이 내립니다.

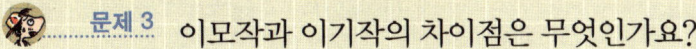

문제 3 이모작과 이기작의 차이점은 무엇인가요?

문제 4 사막기후의 대표적인 특징 세 가지만 이야기해 보세요.

정답

1. 사용해야 기온상승으로 북극의 빙하가 녹고 나라가 지구의 평균기온이 상승해 북극해의 얼음과 남극대륙의 빙하가 녹으면서 해수면이 상승하고, 육지가 물에 잠기는 등 심각한 문제가 발생합니다.

2. 여름에는 덥고 습하며 겨울에는 따뜻한 남서기후 지역에서는 벼농사를 중심으로 다양한 작물 재배가 가능합니다. 특히 인도네시아, 필리핀, 베트남 등지에서는 벼의 이모작 또는 이기작이 이루어집니다.